Puisse votre cœur s'épanouir

Un discours prononcé par

Sri Mata Amritanandamayi

au Parlement des Religions du Monde,
Septembre 1993

M.A. Center, P.O. Box 613,
San Ramon, CA 94583, États-Unis

Puissent vos cœurs s'épanouir
Un discours de Sri Mata Amritanandamayi
au Parlement des Religions du Monde
Chicago, 3 septembre 1993

Publié par :
  M.A. Center, P.O. Box 613,
  San Ramon, CA 94583, États-Unis

─────────── *May Your Hearts Blossom (French)* ───────────

© 1994 Mata Amritanandamayi Mission Trust
Tous droits réservés pour tous pays. Aucune partie de cette publication ne peut être enregistrée dans une banque de données, transmise ou reproduite de quelque manière que ce soit sans l'accord préalable et la permission expressément écrite de l'auteur.

En France :
  www.ammafrance.org

En Inde :
  www.amritapuri.org
  inform@amritapuri.org

Sommaire

Un portrait d'Amma	4
Le Deuxième Parlement des Religions du Monde 1993	7
L'assemblée des Présidents	13
Prélude	15
L'héritage glorieux du sanatana dharma	50
Le message du sanatana dharma	56
Vers une éthique mondiale	63

Un portrait d'Amma

Voici une mystique accessible à tous. Chacun peut lui parler et ressentir Dieu en sa présence. Elle est humble mais ferme comme la terre. Elle est simple mais belle comme la pleine lune. Elle est l'incarnation de l'amour, de la vérité, du renoncement et du sacrifice de soi. Elle ne se contente pas d'enseigner, elle met ses enseignements en pratique à chaque instant de sa vie. Établie dans la plénitude, elle donne tout et ne reçoit rien. Un grand maître et une Mère universelle, telle est Mata Amritanandamayi.

Elle naquit en pleine conscience de la vérité. Ayant suivi une discipline spirituelle des plus rigoureuses — était-ce réel, était-ce un jeu... nous l'ignorons — elle se mit à étreindre tous ceux qui venaient à elle, avec un amour et une compassion d'une dimension indescriptible, l'amour et la compassion qui sont la fibre même de son être.

Dès sa plus tendre enfance, elle se consumait d'amour pour Dieu. Sans guru ni guide, elle se consacra à la quête de Dieu. Elle surmonta les attaques incessantes de sa famille, des villageois et des sceptiques dont aucun n'était capable de comprendre sa grandeur innée. Seule au milieu de ce champ de bataille, elle affronta tous les obstacles imperturbablement, avec un courage ferme, une patience et un amour universel sans restriction. À l'âge de 21 ans, elle manifesta extérieurement son état d'unité avec le Suprême et à 22 ans, commença à initier des chercheurs de vérité à la vie spirituelle. À 27 ans, Amma (Mère) avait établi le centre spirituel principal de sa mission internationale sur les lieux même de sa naissance. Cinq ans plus tard, près de 20 ashrams s'étaient formés en Inde et à l'étranger. En 1987, répondant à l'invitation de ses enfants d'Amérique et d'Europe, Amma fit son premier tour du monde, devenant ainsi une source d'inspiration et de progrès spirituel pour de nombreuses personnes dans le monde. Elle avait alors 33 ans.

La vie entière d'Amma est un exemple incomparable d'amour inconditionnel et désintéressé. Tout au long de plus de trente ans de service infatigable, Amma a personnellement conseillé et consolé des millions de personnes en difficulté, issues de tous les milieux et venues de tous les horizons. Amma essuie leurs larmes de ses propres mains et allège le fardeau de leurs peines. Le contact personnel, la chaleur, la compassion, la tendresse et l'intérêt profond qu'Amma montre en permanence pour tous, son charisme spirituel, son innocence et son charme toujours si naturels sont uniques et inimitables. Pour Amma, chaque être de l'univers est son enfant. Comme elle le dit elle-même :

> « *Un flot ininterrompu d'amour s'écoule d'Amma vers tous les êtres de l'univers. C'est la nature innée d'Amma.* »

Le Deuxième Parlement des Religions du Monde 1993

« Des fleuves jaillis de sources différentes se jettent tous dans la même mer où leurs eaux se mêlent. Ô mon Dieu, bien que les chemins suivis par les êtres semblent différents, ils mènent tous à Toi. »

—Atharva Veda

L'esprit de toutes les religions est le même. -Elles partagent les mêmes valeurs fondamentales. Elles ont en commun le même intérêt pour le bien-être universel de l'humanité et la reconnaissance du caractère sacré de la vie.

Les Hindous considèrent tous les êtres comme divins, les Chrétiens prêchent l'amour universel, les Shintoïstes respectent la vie et les droits de chacun, les Jaïns déclarent que les différentes formes de vie se soutiennent mutuellement et sont interdépendantes, les Sikhs assurent que le service d'autrui est l'adoration du Divin, le Coran affirme l'égalité de tous et l'unité du genre humain et Bouddha dit que les signes distinctifs de toute religion authentique sont la bonne volonté, l'amour, la pureté et la bonté.

Cependant, à travers les âges, on a livré plus de batailles et versé davantage de sang au nom de la religion que pour n'importe quelle autre cause.

Le premier Parlement des Religions du Monde s'est tenu à Chicago en 1893. Il marqua le premier effort concerté pour amener les différentes religions sur un terrain d'entente commun où les dirigeants et les représentants de toutes les croyances pouvaient communiquer et échanger leurs points de vue. Au cours de cette première conférence, ils explorèrent les possibilités d'harmonie et de tolérance religieuse, et les différents moyens de coopération pouvant permettre de résoudre les problèmes brûlants qui assaillent l'humanité.

Quatre cent hommes et femmes, représentant quarante et une traditions religieuses, participèrent au Parlement des Religions du Monde de 1893. C'est là que le Catholicisme et le Judaïsme furent reconnus comme des religions d'importance majeure en Amérique, et que l'Hindouisme et le Bouddhisme furent introduits pour la première fois en Occident. Et c'est à cette occasion que Swami Vivekananda, grâce à son discours inspiré, obtint une reconnaissance mondiale pour la culture ancienne, la philosophie et la foi de l'Inde.

Le centenaire du premier Parlement des Religions du Monde se déroula également à Chicago, du 28 août au 4 septembre 1993. Plus de six mille cinq cent délégués, représentant environ 125 religions, participèrent à ce grand Parlement ; parmi eux se trouvaient approximativement six cent dirigeants spirituels mondiaux.

Contrairement au premier Parlement, l'accent fut mis davantage sur les échanges interreligieux que sur les discours individuels, les participants s'efforçant d'intégrer le consensus existant entre leurs différentes religions.

L'agrément fut total pour dire que la religion devait être associée à la science, à la spiritualité et aux autres aspects pratiques de la vie quotidienne, et qu'il fallait encourager les gens de toute croyance à partager les fruits de leurs accomplissements avec les êtres moins fortunés qu'eux.

Alors que le premier Parlement eut pour résultat l'intégration des Juifs et des Catholiques dans la tendance majoritaire, ainsi que l'introduction, marquante s'il en fut, des religions d'Asie, ce deuxième Parlement mit en évidence la reconnaissance grandissante et l'influence de ces fois et de ces traditions. Le Parlement offre un exemple clair de l'émergence d'un pluralisme religieux.

Pendant les huit journées de ce Parlement se déroulèrent près de huit cent programmes comprenant des discours, des ateliers, des débats interreligieux, des séances de méditation et des spectacles culturels. Ce fut aussi l'occasion d'échanger, de participer à des cérémonies et à des services religieux d'une autre foi que la sienne.

Le Parlement aborda la plupart des nombreuses questions critiques auxquelles l'humanité se trouve actuellement confrontée. La pollution de l'environnement et la menace -nucléaire, le fossé grandissant entre les riches et les pauvres, le racisme, l'oppression, l'évolution des rôles des hommes et des femmes — voilà quelques-uns des sujets qui furent traités et approfondis.

Le succès considérable de ce Deuxième Parlement des Religions du Monde fut en lui-même la confirmation du message d'harmonie et de coopération qui réside au cœur des religions du monde.

Le Deuxième Parlement des Religions du Monde – 1993

Le Parlement marqua un grand pas en avant vers l'objectif qu'il s'était initialement fixé :

« *Le but du Parlement n'a jamais été de célébrer seulement un événement décisif dans l'histoire du monde, mais de donner une inspiration et une dimension fraîches au mouvement interreligieux, d'explorer de nouvelles voies en vue d'une paix durable et de mettre en forme un projet pour le siècle à venir.* »

L'assemblée des Présidents

Une réalisation primordiale de ce second Parlement fut la formation d'un groupe central comprenant les dirigeants religieux les plus influents dans le monde actuel, une assemblée de 25 présidents représentant les principales croyances. Lors des journées du Parlement, le groupe se réunit en privé pour discuter les problèmes qui se posent au monde, pour proposer des solutions et pour établir une éthique mondiale.

Il fut proposé que ce groupe central travaille comme une sorte d'« Organisation des Nations-Unies » spirituelle : chaque fois que surgirait quelque part dans le monde un conflit dû à l'intolérance religieuse, le groupe utiliserait son influence collective et son poids spirituel pour parvenir à une solution pacifique. Il serait à même de démontrer au monde que la religion peut et doit être une source d'harmonie plutôt que de conflits.

Mata Amritanandamayi Dévi fut choisie comme l'un des trois présidents chargés de représenter la foi hindoue, les deux autres présidents étant Swami Chidananda Saraswati (Président de la Divine Life Society) et Sivaya Subramuniya Swami (chef spirituel de la Saiva Siddhanta Church et éditeur de Hinduism Today).

Cette éminente assemblée de présidents représente les nombreux chemins qui existent, elle veut s'efforcer de promouvoir un dialogue interreligieux, et en outre de conduire l'humanité vers une ère nouvelle d'harmonie et de paix.

Prélude

Le 3 septembre 1993, à l'occasion du rassemblement célébrant le centenaire du Parlement des Religions du Monde, Amma souligna à quel point l'amour et la compassion étaient une nécessité essentielle dans le monde d'aujourd'hui.

Longtemps avant qu'Amma n'arrive au Grand Salon de l'hôtel Palmer House de Chicago, des centaines de personnes se pressaient dans une fébrilité feutrée devant les grandes portes. Se trouvaient là des gens originaires de tous les coins du monde, venus à Chicago pour participer au Parlement. Certains étaient drapés dans les robes de différents ordres monastiques, et d'autres portaient les vêtements traditionnels de leur pays mais la plupart étaient en costume et robe de ville, s'harmonisant avec la tendance prédominante de Chicago. Parmi la foule se trouvaient des journalistes, représentant une multitude de médias, les gardes du service de sécurité qui s'efforçaient de contenir la poussée incessante de la foule, et bien sûr, les dévots d'Amma dont les visages rayonnaient par anticipation de son arrivée. Beaucoup commentaient qu'aucune autre manifestation du Parlement n'avait attiré une telle affluence.

L'atmosphère vibrait d'attente contenue tandis que la grande salle de bal remplie de gens se préparait à voir apparaître « l'un des maîtres spirituels les plus vénérés de l'Inde moderne.»

Amma arriva par le côté de l'estrade, traditionnellement vêtue de blanc et portant une magnifique guirlande de fleurs aux vives couleurs. À sa façon habituelle, elle s'inclina devant toutes les personnes présentes et prit place sur le siège préparé à son intention. Qui aurait pu imaginer que cette femme simple, se prêtant humblement à toutes les formalités du grand salon de l'hôtel Palmer House, allait bientôt exprimer d'une manière si bouleversante l'appel intense, latent dans le cœur de chacun, pour la résurgence de l'âme ?

Pendant le déroulement formel des programmes, quelque chose d'enfantin et d'innocent subsistait en Amma. Avant de commencer à parler, elle déclara qu'il n'était pas dans ses habitudes de faire des conférences, mais qu'elle allait prononcer quelques paroles fondées sur sa propre expérience de la vie. Son discours fut aussi éclatant et lumineux que la guirlande

Prélude

qu'elle portait autour du cou ; les différents points s'enchaînaient avec brio.

Dans son intervention, Amma mit l'accent sur la nécessité et l'urgence d'appliquer les principes religieux dans notre vie. « Le langage de la religion est le langage de l'amour. Mais c'est un langage que le monde moderne a oublié. C'est la cause fondamentale, la source de tous les problèmes qui existent dans le monde actuel. Aujourd'hui nous ne connaissons que l'amour égoïste limité. La transformation de cet amour limité en amour divin est le but de la religion. Dans la plénitude du pur amour s'épanouit la belle fleur parfumée de la compassion. » C'était la note dominante de son discours. Avec l'éloquence et la simplicité qui la caractérisent, Amma mit en avant le véritable esprit de la religion et exposa ses principes éternels d'une manière adaptée au monde d'aujourd'hui.

Tout au long de son intervention, Amma insista sur le fait que la religion devait devenir un baume pour l'humanité souffrante, plutôt qu'un terrain nourricier pour l'égoïsme et la compétition. Pendant une heure les gens restèrent assis, captivés, et quand le discours fut terminé, il y eut un débordement d'émotion qui vit des journalistes en larmes et des inconnus quitter leur siège pour accourir vers Amma.

À sa manière unique et inimitable, après en avoir terminé avec les formalités du langage, Amma donnait maintenant son darshan.

Les gens se frayèrent un chemin, attirés par Amma comme par un aimant, aspirant à baigner dans cet esprit divin qui les avait si profondément touchés et inspirés. Amma reçut autant de personnes qu'elle le put, les étreignant avec tendresse l'une après l'autre, mais malheureusement, au bout d'une demi-heure, il fallut partir pour que les activités prévues puissent suivre leur cours.

Par sa simple présence, Amma avait rayonné l'essence des mots et des promesses, des idées et des intentions à l'origine du Parlement des Religions du Monde, leur donnant vie.

Tandis que John Ratz, conseiller en relations publiques, délibérait sur l'impact des discours prononcés durant les sessions du Parlement, il fit cette observation inspirée :

« Tous les autres orateurs ont traité le sujet de la religion et de la spiritualité comme s'il s'agissait de deux entités séparées. Cependant les mots puissants d'Amma percutèrent au plus profond le cœur de la religion et de la spiritualité, effaçant les contradictions, comblant les différences et effectuant une harmonieuse fusion des deux, déployant ainsi leur essence même. Ce fut l'un des discours les plus forts et les plus significatifs. »

Puisse votre cœur s'épanouir

Un discours prononcé par

Sri Mata Amritanandamayi

au Parlement des Religions du Monde,
Septembre 1993

Amma s'incline devant vous tous ici présents, qui êtes autant d'incarnations de l'Amour. Les mots ne peuvent exprimer combien le cœur d'Amma déborde de gratitude envers les organisateurs de cette conférence si bénéfique, qui, avec dévouement, ont consacré leur temps et leur énergie à la mettre sur pied. En cette période de matérialisme extrême, ils ont rendu possible cette rencontre basée sur les valeurs religieuses, des valeurs qui sont le fondement de la vie et en font la grandeur. Par leur travail acharné et leurs efforts prodigieux, ils ont donné un exemple de service désintéressé dont le monde pourrait s'inspirer. Devant une telle générosité de cœur, Amma n'a rien à ajouter. Elle ne peut que se prosterner avec humilité.

Ce n'est pas l'habitude d'Amma de prononcer des discours. Elle va néanmoins dire quelques mots issus de sa propre expérience de la vie et vous demande de lui pardonner les erreurs qui pourraient se glisser dans ses paroles.

La religion est la foi qui nous conduit ultimement à réaliser que nous sommes le Dieu tout-puissant et à en faire l'expérience. Conduire l'homme à la réalisation de sa véritable nature divine, transformer l'être humain en un être divin, tel est le but du *sanatana dharma*, la « religion éternelle » de l'Inde, appelée communément « hindouisme ». Aujourd'hui le lac du mental est agité par les vagues des pensées. Quand ces vagues se calment et disparaissent, alors resplendit le substrat immobile : telle est l'essence de la religion, le sujet principal et le but de la philosophie non dualiste de l'*advaita* (non dualité). Ce principe immobile et inaltérable est le fondement même du *sanatana dharma*. La grande formule des Écritures, *aham brahmasmi* (Je suis Brahman, la conscience absolue) exprime l'expérience subjective du Soi non duel.

« Je suis hindou », « je suis chrétien », « je suis musulman », « je suis ingénieur », « je suis docteur », dit-on. Le principe sans nom, sans forme, omniprésent, commun à tous dans ce « je » est l'*atman* (le Soi), le *brahman* (l'Absolu) ou *ishwara* (Dieu). Nier l'existence de Dieu revient à nier sa propre existence. C'est comme si on disait avec sa langue : « Je n'ai pas de langue ». Dieu est présent en chacun de nous, en tous les êtres, en toute chose. Dieu est semblable à l'espace. Comme l'espace, Il est partout. La création entière existe dans l'espace. Imaginons que nous construisions une maison. L'espace existe avant sa construction. Une fois terminée, la maison existe à l'intérieur de ce même espace. Après sa démolition, le même espace demeure. Dieu est comme l'espace. Il est, immuable, dans le passé, le présent et le futur.

Peut-être vous demanderez-vous : « Si Dieu est omniprésent, pourquoi ne Le vois-je pas ? » L'électricité n'est pas visible, mais mettez le doigt dans une prise de courant et vous ferez l'expérience de son existence. De même, Dieu ne peut être connu que par l'expérience. Placez-vous derrière un arbre et essayez de regarder le soleil. Vous ne le verrez pas, n'est-ce pas ? Vous pouvez dire que l'arbre a recouvert le soleil, mais ce n'est pas vrai. Le soleil ne peut pas être recouvert. C'est parce que votre vue est entravée que vous ne le voyez pas. De même, Dieu est partout, mais notre vision limitée nous empêche de Le voir. L'attitude centrée sur le « moi » et le « mien » a bloqué notre vision et emprisonné notre esprit.

Le *sanatana dharma* ne nous demande pas de croire en un Dieu assis sur un trône doré au-dessus des nuages. Dieu n'est pas un être limité. Dieu est tout-puissant, omniprésent et omniscient. Dieu est le principe de vie et la lumière de la conscience en nous. Dieu, qui est pure béatitude, est en vérité notre propre Soi.

Le mental à lui seul est la cause tout à la fois de l'esclavage de l'homme et de sa libération. La religion est ce qui affranchit le mental des pensées et des émotions diverses, et le libère de la dépendance des objets extérieurs. Elle l'aide à atteindre l'état de liberté éternelle, d'indépendance. Le sentiment du « moi » et du « mien » nous rend dépendants. La pratique des principes de la véritable religion est le chemin qui mène à l'élimination de l'ego.

Nous ne pouvons pas espérer trouver la perfection dans le monde. Néanmoins, les gens bataillent sans cesse pour l'y découvrir. Depuis des années, beaucoup de femmes ont confié à Amma : « Amma, j'ai quarante ans et ne suis toujours pas mariée. Je n'ai jamais réussi à trouver le partenaire que je souhaitais ». Les hommes se plaignent de leur côté : « Amma, j'ai cherché l'épouse de mes rêves sans jamais la rencontrer ». Ils perdent espoir et se sentent rejetés. Amma se souvient d'une histoire à ce sujet.

Deux amis se rencontrent un jour au restaurant. L'un explique que la date de son mariage vient d'être fixée et invite son ami à y assister. Il lui demande alors si lui-même a jamais envisagé de se marier.

« Oui, répond l'ami, je désirais ardemment me marier et m'étais mis à la recherche de la femme parfaite. J'ai rencontré une femme en Espagne. Elle était belle, intelligente et intéressée par la spiritualité, mais elle était totalement inculte. Donc je ne pouvais pas songer à l'épouser. En Corée, j'en ai rencontré une autre. Elle était belle, intelligente et sa culture englobait le profane et le spirituel. Mais je ne pouvais pas communiquer avec elle. Alors j'ai continué ma recherche. En Afghanistan, j'ai finalement rencontré la femme de mes rêves. Elle était parfaite à tous points de vue. Je pouvais même communiquer avec elle. »

Son ami l'interrompt pour demander : « Vous êtes-vous mariés ?

- Non, répond l'autre.
- Pourquoi ? Interroge l'ami.
- Parce que, de son côté, elle cherchait le mari parfait ».

De quoi les êtres humains ont-ils soif ? De bonheur et de paix, n'est-ce pas ? Les gens courent à droite, à gauche, en quête de sérénité. Mais la paix et la tranquillité ont disparu de la surface de la Terre. Nous avons mis tout notre enthousiasme à nous approprier le monde extérieur et ses avantages matériels. Entre-temps, le royaume intérieur est devenu un véritable enfer. Le confort matériel du monde moderne est plus que suffisant. Les voitures ou les logements climatisés ne manquent pas. Ces agréments sont disponibles en tous points de la planète, mais quelle tristesse de voir que ceux qui en jouissent ne connaissent pas la sérénité ! Pour dormir, ils sont contraints de prendre des somnifères. L'agitation et la tension de leur mental sont devenues si incontrôlables, si insoutenables, qu'ils se suicident au milieu du grand luxe, dans leurs pièces munies de l'air conditionné. Eux qui sont si soucieux de climatiser leur voiture et leur maison, qu'ils fassent plutôt des efforts pour climatiser leur mental. Le bonheur véritable est à ce prix.

Le contentement et la félicité ont leur source dans le mental, et non dans les circonstances ou les objets extérieurs. Le bonheur, en réalité, dépend de la maîtrise de soi. Le paradis et l'enfer sont des créations du mental. Le plus sublime des paradis se transforme en enfer si le mental est agité, tandis que le pire des enfers devient un endroit merveilleux pour celui dont le mental est paisible et détendu. La religion est la science qui nous enseigne comment mener une vie heureuse et comblée tout en vivant dans ce monde changeant.

La foi et la vigilance sont nécessaires dans le monde d'aujourd'hui

Actuellement, notre foi est comme un membre artificiel : sans vie. Nous n'avons pas établi avec la foi une relation profonde, venant du cœur, car elle n'a pas la place qu'elle devrait avoir dans notre existence.

Nous vivons à une époque scientifique. L'intellect et la faculté de raisonner ont atteint des hauteurs vertigineuses, mais curieusement, la foi et la confiance de ceux dont l'intellect est le plus développé se cantonne aux voitures, aux télévisions et aux ordinateurs, — objets qui risquent à tout instant de se détériorer ou de tomber en panne. Nous sommes profondément attachés à ces choses et aux petits conforts qu'elles nous procurent. Si elles s'abîment ou sont détruites, nous nous hâtons de les réparer. Mais nous ne réalisons pas qu'en fait, la réparation urgente, c'est nous qui en avons besoin, car nous avons perdu la foi en notre Soi, la foi en notre cœur et ses perceptions délicates. Le même homme qui fait preuve d'une grande patience pour réparer sa télévision ou son ordinateur n'en a aucune quand il s'agit d'harmoniser les notes de sa propre vie.

Peu à peu, l'obscurité enveloppe le monde. Le spectacle que nous observons autour de nous est pitoyable. Les gens dissipent toute leur énergie et leur vitalité à courir après des objets de plaisir, puis ils s'effondrent. L'être humain a outrepassé les limites raisonnables établies par la nature. Ce qui ne veut pas dire que les plaisirs de ce monde nous sont interdits. Ils sont permis. Mais n'oubliez pas cette grande vérité : la jouissance et le bonheur que vous retirez des plaisirs sensuels et des objets du monde ne sont qu'un pâle reflet de la béatitude infinie qui vient de votre propre Soi. Sachez que votre nature est félicité. Comme le journal d'aujourd'hui qui sera bon à jeter demain, ce qui est aujourd'hui une source de joie peut aisément devenir source de souffrance. Comprendre cette vérité tout en vivant dans le monde, voilà ce que nous enseigne la religion.

Le mental peut être comparé à un pendule. Semblable au mouvement incessant du balancier d'une horloge, le pendule du mental oscille alternativement du bonheur à la souffrance et vice-versa. Quand il se déplace vers une extrémité, il ne fait que prendre de l'élan pour aller vers l'autre. Et quand il est en mouvement vers le bonheur, il ne fait qu'emmagasiner l'énergie qui l'emmènera vers l'autre pôle, celui de la souffrance. Pour connaître la paix et le bonheur véritables, il faut que le pendule du mental cesse complètement d'osciller. Cette immobilité procure la paix et la félicité réelles. L'état d'immobilité parfaite est en vérité l'essence de la vie.

La religion nous demande d'être constamment vigilants. Un oiseau perché sur une brindille sait qu'à tout moment, sous l'effet de la plus légère brise, la brindille peut casser ; aussi est-il toujours en alerte, prêt à s'envoler. Nous prenons nous aussi appui sur les objets du monde, qui peuvent disparaître d'un instant à l'autre. «Voulez-vous dire que nous devrions quitter le monde, nous retirer dans un endroit solitaire et rester assis à ne rien faire, en gardant les yeux fermés ? dira-t-on. » Non, il ne s'agit pas de cela. Ne soyez pas paresseux et léthargiques. Accomplissez les tâches qui vous incombent en ce monde. Soyez engagés dans des activités. Vous pouvez travailler pour acquérir des richesses et profiter de la vie, mais tâchez de vous rappeler qu'acquérir, posséder et conserver équivalent à garder précieusement un peigne pour coiffer une tête chauve. Sans considération de temps ni de lieu, la mort peut venir nous faucher et nous arracher toutes nos possessions. À cet instant, il nous faudra tout quitter. Rien ni personne ne pourra nous aider. C'est pourquoi la religion nous dit : « Comprenez que cette vie précieuse n'est pas faite uniquement pour nourrir le corps mais aussi pour évoluer vers l'état de perfection.»

Un discours prononcé par Sri Mata Amritanandamayi

Quand on vit en connaissant et en comprenant la nature éphémère du monde, on peut embrasser la vie avec tendresse, sans s'effondrer ni perdre courage dès que des difficultés surgissent. Si vous ne savez pas nager, vous êtes à la merci de l'océan houleux. Les vagues vous submergent facilement et vous coulez. S'amuser dans l'océan est par contre un jeu merveilleux pour un nageur expérimenté que les vagues ne peuvent renverser.

De même, la nature contradictoire et variée de la vie est un jeu merveilleux pour qui est conscient de son caractère changeant. Il peut accueillir en souriant aussi bien les expériences négatives que les positives, avec équanimité. Mais pour qui n'a pas cette compréhension, la vie devient un fardeau insoutenable de souffrance. Les véritables principes religieux nous donnent la force et le courage d'aborder les situations difficiles de la vie avec un esprit calme et équilibré. La religion trace le chemin qui permet d'embrasser la vie avec davantage encore de joie, de plaisir et de confiance. Pour celui qui est véritablement imprégné des principes de la religion, la vie est comme le jeu joyeux d'un enfant innocent.

Le monde d'aujourd'hui tente d'évaluer les principes religieux d'après les actions accomplies par certains individus au nom de la religion. Il juge ensuite la religion dans son ensemble sur la base des égarements de quelques-uns, ce qui revient à jeter le bébé avec l'eau du bain, ou à condamner les médicaments et le corps médical tout entier pour l'erreur d'un seul médecin. Les individus sont parfois bons, parfois mauvais. Ils ont des faiblesses et peuvent manquer de discernement. Il n'est pas juste de projeter les fautes et les faiblesses que vous voyez en eux sur les religions.

C'est dans la pratique des principes religieux que la vie humaine puise sa vitalité et son énergie. Sans religion ni foi, la vie sur terre serait vaine. La beauté et les plaisirs de la vie ne seraient que superficiels : un magnifique costume sur un cadavre. Sans religion, notre cœur devient sec et désert. Si notre existence est encore agrémentée d'un peu de beauté, de vitalité et d'harmonie, c'est uniquement parce que nous avons gardé, malgré tout, quelques notions de religion et de spiritualité.

Un discours prononcé par Sri Mata Amritanandamayi

Le déclin actuel de la religion

La religion contient des principes essentiels qui permettent d'éliminer l'égoïsme et l'étroitesse d'esprit. Mais il arrive que, mal comprise, elle en devienne la terre nourricière. L'égoïsme, l'étroitesse d'esprit et la compétition engendrent des querelles qui surgissent quand les êtres humains n'ont pas assimilé l'essence même de la religion.

Aujourd'hui, des milliers de gens sont prêts à mourir pour leur religion, mais aucun d'entre eux ne vit selon ses principes. Ils ne saisissent pas que la religion est d'abord un mode de vie, une pratique qui s'applique à toute la vie quotidienne.

« Ma religion est la meilleure ! Ma religion est la plus grande ! » dit l'un. « Non, c'est ma religion qui est la meilleure et la plus grande ! » dit l'autre. Et les vociférations continuent. Cette vision étriquée et la compétition qui en découle font que l'essence et le message véritable de la religion sont perdus pour le monde.

Au sujet des querelles actuelles entre les religions, Amma se souvient d'une histoire. Dans des services différents du même hôpital, deux patients étaient pris en charge par leur famille respective. Ils étaient gravement atteints et souffraient terriblement. Un parent de chaque malade partit acheter d'urgence un médicament indispensable. Au retour, ils se rencontrèrent devant une porte étroite qui ne pouvait laisser passer qu'une personne à la fois. Chacun voulait passer avant l'autre et aucun ne libérait le passage. Tous deux insistaient pour être le premier et une altercation bruyante s'ensuivit. Tandis que leurs parents continuaient à se battre le médicament à la main, les patients hurlaient de douleur. Ainsi se comportent souvent les adeptes des différentes religions. Aveuglés par les signes extérieurs de leur foi, ils n'en saisissent pas l'esprit. Au lieu de se rapprocher de Dieu, au nom de la religion, ils courent en fait à leur propre perte. C'est dans cet état pitoyable que se trouve actuellement la religion. À cause de cet esprit de compétition inflexible et arrogant, il n'y a plus ni patience ni indulgence et nous avons perdu la capacité d'aimer.

Les membres d'une même famille n'ont généralement pas des caractères et des capacités intellectuelles identiques. Il se peut que l'un parle et agisse sans discernement ou perturbe toute la maison par ses colères. Mais il se peut qu'un autre soit d'une nature calme et paisible,

Un discours prononcé par Sri Mata Amritanandamayi

humble, doté d'un discernement aigu et d'une grande clarté de vision. Maintenant si on se pose la question de savoir qui ou quelles qualités maintiennent l'intégrité et l'harmonie de cette famille, sans avoir à réfléchir longuement, on peut facilement répondre que ce sont les qualités de ce dernier — l'humilité, le discernement et la bonté — qui assurent l'unité de la famille. La colère et le manque de discernement de l'un sont compensés par le calme, l'humilité et la prudence de l'autre. Si les traits de caractère de celui qui est coléreux et confus avaient prévalu, la famille se serait désintégrée il y a bien longtemps. Ainsi, bien qu'une grande menace pèse aujourd'hui sur le monde, ce sont la patience, l'amour, la compassion, le sacrifice de soi et l'humilité des *mahatmas* qui maintiennent l'harmonie et l'intégrité de l'univers. Qu'un membre au moins, au sein de chaque famille, adhère aux véritables principes de la religion et s'y consacre, et il sera possible d'éliminer totalement les ténèbres de notre époque.

Lorsque nous sommes vraiment imprégnés de l'esprit de la religion, le chagrin et la souffrance d'autrui deviennent nôtres. C'est alors que la compassion apparaît. Seule l'expérience de l'unité de l'être nous donne la faculté de ressentir une réelle compassion et un intérêt bienveillant pour les autres.

Voici une histoire. Un homme était atteint d'un cancer qui le faisait souffrir au point qu'il en pleurait. Mais il était trop pauvre pour réunir l'argent nécessaire à l'achat des calmants qui auraient soulagé son atroce douleur. Dans l'appartement voisin vivait un débauché qui ne cherchait que la jouissance, l'alcool, les drogues, les femmes. S'il avait utilisé l'argent qu'il gaspillait à se détruire pour aider son pauvre voisin, la souffrance du malade aurait pu être adoucie, et ses propres tendances destructrices, son égoïsme auraient disparu. Faire preuve de compassion à l'égard des pauvres et de ceux qui souffrent est notre devoir envers Dieu. L'amour, la compassion et le souci d'autrui pourraient conduire le monde vers l'harmonie.

Si nous nous mettons accidentellement le doigt dans l'œil, punissons-nous le doigt ? Non. Nous essayons simplement de soulager la douleur de l'œil. Pourquoi ne punissons-nous pas le doigt ? Parce qu'ils sont tous deux une partie de nous, ils sont nous-mêmes. Nous sommes à la fois dans l'œil et dans le doigt, telle est notre perception. Ainsi, nous devrions être capables de voir notre être, notre Soi, dans tous les êtres. Alors, nous pardonnerions les erreurs d'autrui. La faculté d'aimer les autres et de leur pardonner, de les percevoir comme nous-mêmes et de percevoir leurs fautes comme nos propres fautes, tel est le véritable esprit de la religion.

L'or est en lui-même beau, brillant et précieux. Mais s'il était parfumé, il n'en aurait que plus de prix et de charme. La méditation, les pratiques religieuses et spirituelles ont une valeur inestimable. Mais si, tout en exécutant des rituels et en nous adonnant régulièrement à la méditation, nous éprouvions en outre de la compassion envers notre prochain, ce serait comme de l'or parfumé : une chose vraiment extraordinaire .

La religion est le secret de la vie. Elle nous apprend à aimer, à servir, à pardonner, à endurer, à faire preuve d'empathie et de compassion dans nos relations avec nos frères et sœurs. L'*advaita* (la non dualité) est une expérience purement subjective qui, dans la vie quotidienne, se traduit par l'amour et la compassion. Telle est la leçon que nous donnent les grands saints et sages de l'Inde, ceux qui nous enseignent le *sanatana dharma*.

Le rôle de l'amour et de la compassion dans la religion

La religion authentique est un langage que l'homme moderne a oublié. La compassion, l'amour et la compréhension mutuelle, nous les avons oubliées. Tous les problèmes qui existent dans le monde actuel ont une cause fondamentale : le manque d'amour et de compassion. Le chaos et la confusion qui règnent dans nos vies personnelles, au sein des nations et dans le monde entier, viennent de notre incapacité à mettre en pratique dans notre vie quotidienne ce que les religions nous enseignent réellement. La spiritualité doit devenir partie intégrante de notre vie. Il faut lui redonner du souffle. Un renouveau, un regain de vitalité lui sont nécessaires. Alors seulement, la compassion et l'amour pourront s'épanouir en nous. Eux seuls balaieront l'obscurité, apportant la lumière et la pureté au monde.

Quand l'amour devient l'Amour divin, alors le cœur déborde de compassion. L'amour est un sentiment alors que la compassion est la manifestation de l'intérêt sincère que votre cœur porte à un être humain qui souffre.

Il y a amour et Amour. Vous aimez votre famille mais vous n'aimez pas votre voisin. Vous aimez votre fils ou votre fille, mais vous n'aimez pas tous les enfants. Vous aimez votre père et votre mère, mais vous n'aimez pas les autres de la même façon. Vous aimez votre religion, mais pas toutes les religions. Il se peut même que vous éprouviez de l'aversion envers les adeptes d'autres croyances. De même, vous aimez votre pays mais pas tous les pays et peut-être d'autres peuples vous inspirent-ils de l'antipathie. Il ne s'agit donc pas d'un amour véritable. Ce n'est qu'un amour limité. La transformation de cet amour limité en Amour divin est le but de la spiritualité. C'est dans la plénitude de l'Amour que s'épanouit la fleur merveilleuse et parfumée de la compassion.

Quand les entraves disparaissent — l'ego, la peur, le sentiment de la différence — vous ne pouvez qu'aimer et cet amour-là n'attend rien en retour. Vous ne vous préoccupez pas de recevoir, vous vous contentez de suivre le courant. Quand vous êtes dans le fleuve d'Amour, vous êtes baigné par ses eaux, que vous soyez en bonne santé ou malade, homme ou femme, riche ou pauvre. Plongez-y autant de fois que vous voudrez, cela ne fait aucune différence pour le fleuve d'Amour. Qu'on le critique ou le maltraite, il n'y prête aucune attention, il se contente de couler. Quand cet Amour déborde et s'exprime dans chaque parole et dans chaque action, il est appelé compassion. C'est le but de la religion. Un être plein d'amour et de compassion a réalisé les véritables principes religieux.

Si vous êtes compatissant, vous ne voyez pas les défauts d'autrui, ni ses faiblesses. Vous ne faites pas de distinction entre bons et mauvais. Vous ne tracez pas de frontière entre deux pays, deux croyances ou deux religions. Vous n'avez pas d'ego, donc pas de peur, de convoitise ou de passion ; vous pardonnez et oubliez, c'est tout. La compassion est comme un couloir. On le traverse sans s'y arrêter, car là où existent l'amour et la compassion véritables, il ne peut y avoir d'attachement. La compassion est l'expression même de l'Amour dans toute sa plénitude.

Voir et sentir la vie en toute chose, c'est cela l'Amour. Quand on a le cœur rempli de cet Amour, on voit la vie vibrer dans et à travers l'ensemble de la création. La religion nous dit : « La vie est Amour ». La vie est ici. La vie est partout. Il n'y a que la vie. Donc, l'Amour, lui aussi, est partout. Il ne peut y avoir de vie sans Amour et vice-versa car la vie et l'Amour ne font qu'un. Mais tant qu'on n'a pas atteint la réalisation, on continue d'ignorer leur unité. On continue à séparer le cœur et l'intellect, mais l'intellect seul ne suffit pas. Sans un cœur pétri d'amour et de compassion, on n'atteint pas la plénitude de la vie, l'état de perfection. Les religions et les pratiques religieuses n'ont d'autre but que la connaissance de cette vérité.

Notre époque scientifique, dominée par l'intellect et la raison, a oublié le cœur. Le monde entier emploie la même expression : « Je suis tombé amoureux. » De fait, nous sommes « tombés » dans un amour enraciné dans l'égoïsme et le matérialisme, et il nous est difficile de remonter pour nous éveiller dans l'Amour. Si nous devons tomber, que ce soit de la tête vers le cœur. La religion nous donne une échelle pour nous élever jusqu'à l'Amour.

Rétablir l'équilibre de la nature

En vérité, la création entière est une manifestation de Dieu : tel est le sens des enseignements religieux. S'il en est ainsi, nous devons éprouver de l'amour et de l'intérêt pour la nature aussi bien que pour nos semblables. En Inde, les Écritures du sanatana dharma disent : « Isavasyam idam sarvam », la Conscience divine imprègne toute chose. La terre, les arbres, les plantes, les animaux, tous sont des manifestations de Dieu. Nous devrions les aimer comme nous nous aimons nous-mêmes. En fait, nous devrions même les aimer plus que nous-mêmes, car les êtres humains ne peuvent exister qu'avec le soutien de la nature. Il faut planter deux arbres pour chaque arbre abattu, dit-on, mais l'équilibre de la nature n'est pas rétabli si on remplace un arbre immense par deux jeunes plants, tout comme un désinfectant ne remplit pas son rôle s'il est trop dilué. De même, s'il faut dix plantes pour préparer un médicament ayurvédique et qu'on n'en utilise que huit, il n'agit pas de la même façon. Les animaux, les plantes et les arbres contribuent à l'harmonie de la nature. C'est donc le devoir de l'homme de protéger et de préserver les oiseaux et les animaux, car eux-mêmes ne peuvent pas se défendre. Si nous continuons à les détruire, le monde en souffrira profondément.

Un discours prononcé par Sri Mata Amritanandamayi

Amma se souvient que dans son enfance, au moment de la vaccination, on mettait de la bouse de vache à l'endroit de la piqûre pour prévenir l'infection. Mais aujourd'hui, la bouse infecterait la plaie ! À cause des produits toxiques qui polluent l'environnement, notre système immunitaire s'est affaibli et la bouse de vache elle-même est devenue dangereuse.

En des temps reculés, la durée de vie d'une personne ordinaire était supérieure à cent ans ; de nos jours, elle est plus courte, et elle continue à décroître. Les rares personnes qui aujourd'hui vivent au-delà de cent ans sont en général en mauvaise santé et souffrent beaucoup. Les maladies incurables se sont multipliées parce que l'homme a transgressé les lois de la nature.

Sans compter la pollution engendrée par la fumée des usines ! Amma ne propose pas de fermer toutes les usines, mais simplement de consacrer une partie des bénéfices à trouver des méthodes pour réduire la pollution, revivifier et protéger l'environnement.

Autrefois, le soleil et la pluie alternaient en harmonie avec le cycle des semailles et des moissons. L'irrigation n'était pas nécessaire, la nature prenait soin de tout. À présent nous

nous sommes écartés du chemin du *dharma* (action juste, en accord avec la loi divine) et comme nous ne prêtons aucune attention à la nature, elle réagit. La brise rafraîchissante qui caressait autrefois l'humanité s'est transformée en tornade.

Peut-être doutons-nous de notre capacité à restaurer l'équilibre naturel perdu. « Ne sommes-nous pas, nous autres humains, trop limités ? » Non ! Mais nous sommes profondément endormis et nous ignorons la puissance infinie qui est en nous. Cette force se manifeste quand nous nous éveillons intérieurement. La religion nous dit le grand secret de la vie, elle nous permet d'éveiller cette puissance intérieure illimitée qui se trouve en nous à l'état latent.

Le *sanatana dharma* proclame : « Ô Homme, tu demandes une bougie, mais tu ne dépends de personne pour t'éclairer. Tu es le soleil resplendissant qui est sa propre source de lumière. » Tant que vous vous identifiez au corps, vous êtes comme une petite pile électrique dont la puissance est vite épuisée. Mais quand vous savez que vous êtes *l'atman*, vous êtes comme une batterie géante reliée au générateur cosmique d'énergie, qui vous donne une force constante et inépuisable. Quand vous êtes reliés à Dieu, le Soi, la source de toute puissance, votre énergie ne connaît pas de baisse de tension. Vous êtes branchés sur votre potentiel infini. Soyez donc conscients de votre puissance et de votre force immenses. Vous n'êtes pas doux comme un petit agneau, mais majestueux et puissant comme un lion. Vous êtes l'énergie cosmique, le Dieu omnipotent.

Enseigner aux enfants par l'exemple

Amma a entendu dire qu'en Occident, de jeunes enfants vont à l'école avec un revolver et qu'ils tirent même parfois sans raison sur n'importe qui. Avez-vous jamais réfléchi à ce qui pousse ces enfants à agir avec tant de cruauté ? On ne leur a jamais enseigné à agir de façon juste. Ils n'ont jamais reçu d'amour ni de compassion véritables. Beaucoup de garçons et de filles ont confié à Amma : « Notre mère ne nous a donné aucun amour. Nos parents ne nous ont pas appris à bien nous conduire. Nous les avons vus se battre sous nos yeux. A force d'être témoins de leurs querelles et de leur égoïsme, nous avons commencé à ressentir de la haine envers le monde entier. La révolte et l'égoïsme ont envahi notre coeur. »

Leurs parents, dont ils sont censés recevoir les premières leçons de patience et d'amour, ne jouent pas leur rôle de modèles. Amma voudrait faire une requête aux parents. Durant les premières années de la vie, qu'ils comblent leurs enfants d'amour et d'affection. Délaisser un bébé dans son berceau est une erreur. La mère doit tenir son enfant serré contre elle, et lui donner le sein avec amour et tendresse. Et pendant les années de croissance, qu'ils leur enseignent les valeurs religieuses et morales. Si les parents se battent ou manifestent de la colère et de la haine devant leurs enfants, comment apprendront-ils la patience et l'amour ?

Si vous traversez un champ de hautes herbes vertes, un chemin se trace automatiquement ; alors qu'il faudra d'innombrables allées et venues du sommet à la base d'une colline rocailleuse pour que se dessine une piste. De même, il est facile de former le caractère d'un enfant. Mais si les enfants ont besoin d'une attention aimante, il ne faut pas oublier de les discipliner, de leur insuffler la foi en Dieu et l'amour pour la création entière. Seule une éducation aux valeurs spirituelles permet cet enseignement.

Un discours prononcé par Sri Mata Amritanandamayi

Mes enfants, notre premier devoir et notre principale obligation en ce monde sont d'aider nos semblables. Dieu n'a besoin de rien. Il est toujours comblé. Penser que Dieu veut quelque chose de nous revient à tenir une bougie allumée devant le soleil pour éclairer son chemin. Dieu est Ce qui nous protège, Il n'a aucun besoin de notre protection. Une rivière ne dépend pas de l'eau d'une mare ; c'est la mare stagnante qui a besoin de l'eau courante pour emporter ses impuretés. Aujourd'hui notre mental est rempli d'impuretés, comme une mare stagnante. La grâce de Dieu est nécessaire pour nous purifier et élever notre conscience.

Faire preuve de compassion envers ceux qui souffrent est notre devoir envers Dieu. Le premier pas d'une démarche spirituelle, c'est le service désintéressé du monde. Si les gens qui s'asseyent en méditation s'attendent à ce qu'un troisième œil s'ouvre une fois qu'ils auront fermé les deux autres, ils vont être déçus car cela ne se produira pas. Nous ne pouvons pas fermer les yeux au monde au nom de la spiritualité et espérer progresser. La réalisation spirituelle, c'est prendre conscience de l'unité tout en regardant le monde avec des yeux bien ouverts.

Tant qu'une fleur ne s'est pas encore épanouie, et qu'elle est encore en bouton, sa beauté et son parfum restent cachés. Personne ne peut les apprécier ni en jouir. Mais quand la fleur éclot, quand elle déploie ses formes et ses couleurs enchanteresses, quand son parfum se répand dans l'air, elle procure joie et bonheur alentour. La fleur de notre cœur n'est pas encore épanouie : elle est en bouton. Mais, nourrie de la foi en Dieu, d'amour, de compassion et de notre adhésion aux valeurs spirituelles, elle va s'épanouir, révéler sa beauté et exhaler son parfum ; elle deviendra une bénédiction pour le monde.

La religion ne se limite pas aux paroles des Écritures. C'est un art de vivre dont la beauté et le charme s'expriment à travers l'amour et la compassion de ceux qui vivent selon ses valeurs. Tout ce qu'Amma a dit jusqu'à maintenant est comparable à ce qui est écrit sur l'étiquette d'un flacon de médicaments. Il ne suffit pas de la lire pour guérir : il faut prendre le médicament. Vous ne pouvez pas goûter la douceur du miel en léchant un morceau de papier sur lequel est écrit le mot « miel ». De même, les principes énoncés dans les textes religieux doivent être contemplés, médités et finalement réalisés.

Un discours prononcé par Sri Mata Amritanandamayi

Prenons refuge aux pieds du Seigneur et prions pour atteindre l'état de perfection.

Om Namah Shivaya

L'héritage glorieux du sanatana dharma

Le texte qui suit est le discours prononcé par Amma devant un auditoire de chefs et dignitaires religieux, le matin du 4 septembre 1993, lorsque le Comité d'accueil hindou l'honora en la désignant comme l'un des trois Présidents de la foi hindoue.

Les grands saints et sages de l'Inde qui furent les interprètes du *sanatana dharma* n'ont jamais voulu proclamer quoi que ce soit. Toujours établis dans l'état suprême de plénitude absolue, ils trouvèrent difficile d'exprimer en mots l'expérience de la vérité ultime et infinie. Ils savaient que les limites du langage ne permettraient jamais à l'orateur de peindre une image adéquate de la Vérité. Ces êtres exceptionnels préféraient donc toujours garder le silence. Cependant, par compassion pour ceux qui sont à la recherche du Divin et pour ceux qui tâtonnent dans l'obscurité, ils décidèrent de parler. Mais avant d'ouvrir la bouche, ils priaient :

« Ô Soi suprême, que mes paroles soient enracinées dans mon esprit ; que mon esprit soit enraciné dans mes paroles. »

Ils priaient le Brahman suprême :

« Je vais tenter de mettre en mots mon expérience de la vérité infinie. Cette expérience est si complète, si totale que les mots ne peuvent l'exprimer. Je vais cependant m'y efforcer. Quand je parle, donne-moi la capacité d'exprimer et de transmettre l'essence même de la Vérité. Ne me laisse pas en déformer le sens par mes paroles. »

Chacun de nous a le devoir de faire connaître cette expérience inouïe obtenue par les saints et les sages. Il est très important que nous respections les sentiments et les croyances de ceux qui pratiquent d'autres religions, mais dans le même temps, nous devons expliquer au monde que le *sanatana dharma* éternel n'est pas limité à certains individus ; c'est une expérience purement intérieure de la plus grande importance pour tout être humain. Tout être est l'incarnation de la Vérité. Le monde doit savoir que le *sanatana dharma* ne se rattache à aucune caste, à aucune croyance ou secte particulière. En vérité, le *sanatana dharma* est une source de force et d'inspiration où toute l'humanité peut puiser. Ses adeptes devraient donc œuvrer constamment pour la paix et l'harmonie dans le monde. Alors seulement le *sankalpa* (la résolution) des *rishis* (les sages clairvoyants) deviendra une réalité.

Les *rishis* n'ont pas fondé de religion. Ils mettaient surtout l'accent sur certaines valeurs humaines et vérités spirituelles. C'est pourquoi leurs prières, comme celle qui suit, incluaient l'univers entier :

> *Om lokah samasthah sukhino bhavantu*
>
> Que tous les êtres de tous les mondes soient heureux.

> *Om sarvesham svastir bhavatu*
> *sarvesham shantir bhavatu*
> *sarvesham purnam bhavatu*
> *sarvesham mangalam bhavatu*
> *Om shantih shantih shantih*
>
> Om que le contentement règne en tout,
> Que la paix règne en tout,
> Que la perfection règne en tout,

Que les auspices favorables se réalisent en tout.
Om paix, paix, paix.

Un jour, un veuf demande à un *sannyasin* de prier pour la paix de l'âme de sa femme défunte. Le *sannyasin* commence la récitation de ses prières : « Que chacun soit heureux, qu'il n'y ait aucune souffrance, que l'univers entier soit baigné de forces positives, que tous atteignent la perfection… » Le mari est quelque peu contrarié en entendant ces prières. Il interpelle le *sannyasin* : « Swami, je pensais que vous alliez prier pour l'âme de ma femme, mais je ne vous ai pas entendu prononcer son nom une seule fois ! » «Je suis désolé, réplique le *sannyasin*, mais je ne peux pas prier ainsi. Ma foi et mon guru m'ont appris à prier pour tous, pour l'univers entier. En vérité, seule la prière dite pour le bien du monde est bénéfique au niveau individuel. Arroser les branches d'un arbre, c'est gaspiller l'eau. En revanche, si nous arrosons les racines, les éléments nutritifs profitent aux branches et aux feuilles de l'arbre. Votre femme ne recevra sa part de bénédictions que si je prie pour tous ; alors seulement son âme trouvera la paix. Je ne peux pas prier autrement. ». Le swami est si convaincu que le veuf n'a pas le choix et se soumet à sa volonté. « Très bien, dit-il, vous pouvez prier comme vous l'entendez. Mais est-ce que vous pouvez au moins exclure mon voisin de vos prières ? » Voilà le genre d'attitude qui prévaut de nos jours parmi les êtres humains. Nous avons perdu la faculté et le désir de partager.

Quand la guerre froide a pris fin entre l'URSS et les Etats Unis, le monde entier a poussé un grand soupir de soulagement. Avec l'engagement de mettre un terme aux hostilités, la menace d'une guerre nucléaire risquant de détruire le monde se dissipait.

Maintenant, pour la première fois, des familles séparées par les frontières artificielles des idéologies divergentes sont réunies dans l'amour qui les avait toujours liées.

Il existe, bien sûr, des groupes impliqués dans la fabrication d'armes de destruction, qui, égoïstement, ne se préoccupent que de faire des affaires.

Mais la seule fin de la nature est de servir de support à la création. Ayons foi en cette vérité. Il faut trouver une alternative, des solutions pacifiques qui permettent d'avoir un niveau de vie correct, sans rechercher une extension territoriale qui mènerait à une destruction réciproque.

Pratiquer sa religion ou exprimer sa dévotion ne se résume pas à aller au temple, à l'église ou à la mosquée pour y accomplir des rituels. Encore faut-il être capable de contempler Dieu, le Soi, en soi-même et en tous les êtres.

Nous voici à l'aube du 21ème siècle. Ici et maintenant, puissent tous les grands *sannyasins*, les chefs spirituels et le Comité d'accueil hindou, qui ont travaillé sans relâche pour le succès du Parlement des Religions, prendre la ferme résolution suivante, au moins mentalement :

« Sans considération de lieu ni de temps, nous travaillerons de toutes nos forces pour la paix et l'harmonie du monde entier, et pour soulager la souffrance de l'humanité. Que le noble *sankalpa* (résolution) du *sanatana dharma* devienne ainsi une réalité vivante ! Puissions-nous également être déterminés à transmettre cette grande Vérité et les valeurs fondamentales de la vie à tous les jeunes gens et jeunes filles. Ils sont les fleurs encore en bouton de la future génération, prêts à s'ouvrir et à devenir le parfum du monde. »

Le message du sanatana dharma

Le message suivant fut envoyé par Amma pour le livre « Réflexions sur l'Hindouisme » qui fut publié par le Comité d'accueil hindou, en commémoration du Parlement 1993.

La religion offre ce que le monde ne peut pas nous donner. De quoi l'homme a-t-il soif ? Qu'est-ce qui lui manque le plus dans ce monde ? N'est-ce pas la paix ? La paix ne règne nulle part, ni à l'intérieur ni à l'extérieur. Pour vivre pleinement, nous avons besoin de paix, et aussi d'amour. La paix n'est pas un état auquel on parvient par la satisfaction de tous les désirs. Tant que le mental existe, les désirs surgissent et les problèmes surviennent. La paix est un état qui apparaît quand toutes les pensées disparaissent et que le mental est transcendé.

Dans cet état transcendant, dans lequel le soi individuel se fond dans la conscience infinie, le monde conceptuel des noms et des formes cesse d'exister. Tel est le cœur de la philosophie hindoue de l'*advaïta* (la non dualité). L'être humain peut atteindre l'état ultime de perfection, car c'est en fait sa véritable nature. Mais alors pourquoi n'avons nous pas accès à cette vérité ? A cause de notre attachement obsessionnel aux objets extérieurs de ce monde. L'ignorance où nous sommes de notre véritable nature ne peut être dissipée que par la connaissance ultime. Il n'existe qu'une seule voie pour que se lève le soleil de cette pure connaissance, c'est l'observance de pratiques spirituelles, sous la direction d'un maître réalisé, d'un être établi à tout jamais dans cet état transcendant de béatitude et de paix.

Si vous êtes en paix, vous êtes détendu. Votre vie est équilibrée. Vous n'êtes jamais anxieux ni agité. Vous ne vous lamentez pas à propos du passé. Grâce à la clarté de votre vision, vous faites face avec calme et intelligence aux situations que la vie vous présente. Votre esprit n'est pas obscurci par les nuages des pensées inutiles. Vous pouvez avoir des problèmes, comme tout un chacun, mais c'est votre manière de les affronter et votre attitude qui sont entièrement différentes. Une beauté et un charme spéciaux se dégagent de toutes vos actions. Au cœur des plus grandes difficultés, vous restez imperturbable.

L'instabilité est dans la nature du mental humain. Comme le pendule d'une horloge, le mental oscille sans cesse d'une chose à l'autre.

Son mouvement est continuel. Le mental est toujours dans un état fluctuant : tantôt l'amour, tantôt la haine. Ce qui l'attirait l'instant d'avant, il le rejette ensuite avec mépris. Le pendule du mental se déplace vers la colère pour galoper ensuite vers le désir. Il ne peut ni s'arrêter ni rester immobile. Ce mouvement perpétuel du mental nous empêche de percevoir le fondement stable, immuable, qui sous-tend l'existence et qui est la véritable nature de toute chose. Il crée des vagues incessantes et ces vagues, ces ondulations de la pensée, occultent tout.

Toute pensée, tout débordement émotionnel et tout désir est pareil à un caillou que l'on jette dans le lac du mental. Les pensées ininterrompues sont comparables aux rides qui se succèdent à la surface de l'eau : elles vous empêchent de voir clairement à travers. Vous n'accordez jamais un instant de repos à votre mental. Soit il veut à tout prix satisfaire un désir, soit il est en colère, ou jaloux, soit il aime, ou il déteste. Et si rien ne se passe dans le présent, les souvenirs du passé s'imposent insidieusement. Plaisirs, douleurs, joies, regrets, ressentiments... il y a toujours quelque chose. Dès que le passé se retire, le futur apparaît avec ses belles promesses et ses rêves.

Le mental est ainsi continuellement accaparé, toujours occupé et jamais libre.

Mais en réalité, vous ne voyez que la surface, vous ne percevez que les vagues. Et parce que vous ressentez cette agitation, vous faites l'erreur de penser que la profondeur bouge également, alors que le fond est immobile. Il est toujours en repos. Vous projetez le mouvement de la surface — les ondulations des pensées et des émotions — sur la profondeur immuable, sur le fondement originel. Le mouvement dû aux vagues des pensées n'appartient qu'à la surface, au mental. Mais pour accéder à la vision du substrat immobile, la surface doit devenir calme et silencieuse. Les ondulations doivent cesser. Le pendule oscillant du mental doit s'immobiliser. Atteindre cet état de silence et de paix est le but ultime de la religion.

Une fois cette immobilité atteinte, vous pouvez voir clairement à travers la surface. Vous cessez de voir des objets déformés. Vous contemplez le fondement réel de l'existence—la Vérité. Tous vos doutes disparaissent. Vous réalisez alors que vous n'aviez perçu que des ombres et des nuages. Le but de la religion est de vous aider à découvrir la véritable nature du monde, tout en étant en permanence établi dans les profondeurs de votre être véritable. Dans cet état de réalisation, toutes les différences disparaissent et vous voyez votre propre Soi resplendir dans et à travers toute chose.

L'amour pour l'humanité entière s'éveille chez celui qui a fait l'expérience de la Vérité. Dans cette plénitude d'amour divin s'épanouit la merveilleuse fleur parfumée de la compassion. La compassion ne remarque pas les fautes d'autrui, elle ne voit pas les faiblesses, elle ne fait aucune distinction entre les bons et les mauvais. La compassion ne peut pas tracer une frontière entre deux pays, deux croyances ou deux religions. La compassion n'a pas d'ego et la peur, la concupiscence et l'attachement lui sont inconnus. Elle pardonne et elle oublie, voilà tout. La compassion est comme un couloir ; tout la traverse, rien ne s'y arrête. Elle est l'expression de l'amour dans toute sa plénitude.

Dieu est l'amour, la force de vie à l'arrière-plan de toute la création. En vérité, rares sont les religions qui ne considèrent pas comme fondamental l'amour pour tous les êtres. Si elles mettaient en pratique ce principe d'amour, les différences qui existent aujourd'hui devien-

Le message du sanatana dharma

draient insignifiantes. Dieu attend de ses enfants amour, fraternité et coopération. A force de s'accrocher à des différences superficielles, les êtres humains pavent le chemin de leur propre destruction.

La religion est supposée apporter la lumière de l'amour et de la vérité à l'humanité. Elle ne doit pas encourager les divisions car il n'y a qu'une seule Vérité, et c'est sa lumière qui brille dans toutes les religions. Telle est l'attitude qui nous rapprochera de cette Vérité, nous aidera à nous comprendre mutuellement, et conduira l'humanité vers la paix.

Combien de temps allons-nous vivre en ce monde ? Personne n'y demeure éternellement, et tout ce que nous croyons posséder n'est que transitoire. S'il en est ainsi, est-il raisonnable de gâcher cette vie donnée par Dieu à la poursuite de l'éphémère ? Les grands maîtres de toutes les religions affirment tous qu'un substrat immuable sous-tend ce monde en perpétuel changement. C'est par la réalisation de la Vérité que l'on peut parvenir à l'immortalité. Tel est le but ultime de la vie.

Quel est le rôle des religions ? En cultivant l'amour et la paix, éveiller en nous le désir ardent de rechercher la vie éternelle. C'est le plus grand service que la religion puisse offrir à l'humanité. L'amour mutuel et la coopération entre les religions doivent devenir notre première préoccupation en ce monde. Puissent l'amour, la paix, la coopération et la non-violence être les phares qui illuminent le chemin qui mène au vingt-et-unième siècle.

Telle est l'essence du message que les grandes lignées de saints et de sages de l'Inde, ainsi que la religion éternelle hindoue *(sanatana dharma)* transmettent au monde entier.

Vers une éthique mondiale

Le texte qui suit est le compte-rendu initial de la Déclaration d'une Éthique Mondiale, un appel en faveur des valeurs universelles, de la justice et de la compassion, signée par la majorité des dirigeants spirituels qui participèrent au Parlement.

Le monde est à l'agonie. Cette agonie a un caractère si universel et urgent que nous nous sentons obligés de dénoncer ses manifestations pour faire apparaître clairement la profondeur de cette souffrance. La paix nous échappe, la planète est en voie de destruction, les voisins vivent dans la peur, les hommes et les femmes sont des étrangers l'un pour l'autre, les enfants meurent !

C'est inadmissible ! Nous condamnons les abus qui portent atteinte aux écosystèmes de la terre. Nous condamnons la pauvreté qui étouffe les êtres, la faim qui affaiblit le corps humain, les disparités économiques qui menacent de ruiner de nombreuses familles. Nous condamnons la déstructuration sociale des nations, le mépris de la justice qui pousse des citoyens à la marginalisation, l'anarchie qui s'empare de nos communautés, et la violence qui conduit à la mort absurde d'enfants. Nous condamnons en particulier l'agression et la haine au nom de la religion.

Mais cette souffrance n'est pas irrémédiable car le fondement d'une éthique existe déjà. Cette éthique offre la possibilité d'une meilleure discipline individuelle et collective, et délivre l'individu du désespoir et les sociétés du chaos. Nous, hommes et femmes qui avons embrassé les préceptes et les pratiques des religions du monde, nous affirmons qu'un ensemble commun de valeurs essentielles se trouve dans les enseignements des religions et qu'il constitue le fondement d'une éthique mondiale. Nous affirmons que cette vérité est déjà connue, mais qu'il reste à la faire vivre dans le cœur et dans l'action. Nous affirmons qu'il existe dans tous les domaines de la vie, pour les familles et les communautés, pour les races, les nations et les religions un ensemble de normes irrévocables, incontestables. Des instructions relatives au comportement humain se trouvent déjà dans les anciens enseignements des religions et créent les conditions favorables au maintien d'une harmonie mondiale.

Nous sommes interdépendants. Chacun de nous dépend du bien-être de tous, c'est pourquoi nous sommes respectueux de la communauté des êtres vivants, des humains, des animaux et des plantes, et de la protection de la Terre, de l'air, de l'eau et du sol. Nous engageons notre responsabilité individuelle dans tout ce que nous faisons. Nos décisions, nos actions ou notre incapacité à agir ont des conséquences. Nous devons traiter les autres comme nous aimerions être traités. Nous prenons l'engagement de respecter la vie et la dignité, l'individualité et la diversité de sorte que chaque personne soit traitée humainement, sans exception. Nous devons développer la patience et l'ouverture, être capables de pardonner, de tirer les leçons du passé sans pour autant être esclaves des haines inscrites dans nos mémoires. Ouvrons nos cœurs, sabordons nos différences mesquines pour la cause de la communauté mondiale, cultivons la solidarité et des relations harmonieuses.

L'humanité est notre famille. Aspirons à être bons et généreux. Il ne s'agit pas de vivre uniquement pour nous-mêmes, mais aussi d'être au service des autres, sans jamais oublier les enfants, les personnes âgées, les pauvres, ceux qui souffrent, les handicapés, les réfugiés et ceux qui sont seuls. Personne, en aucun cas, ne devrait être considéré ou traité comme un citoyen de deuxième classe, ni être exploité, de quelque manière que ce soit. Hommes et femmes doivent s'apprécier comme des partenaires égaux. Aucune sorte d'immoralité sexuelle ne doit être commise et toutes les formes de domination et d'abus doivent être abandonnées.

Notre culture est une culture de la non-violence, du respect, de la justice et de la paix. Il est inacceptable d'opprimer, de blesser, de torturer ou de tuer d'autres êtres humains car la violence comme moyen de régler des différents est à proscrire.

Il faut lutter pour un ordre économique et social juste qui donne à chacun une chance égale de développer son potentiel d'être humain ; il faut parler et agir avec loyauté et compassion, entretenir avec les autres des relations empreintes de dignité et bannir les préjugés et la haine. Il faut s'abstenir de voler. Si nous voulons bâtir un monde juste et paisible, il faut mettre fin au règne de l'avidité dans la recherche du pouvoir, du prestige, de l'argent et de la consommation.

L'état de la Terre ne peut pas s'améliorer tant que la conscience des individus ne change pas. Nous promettons d'accroître notre vigilance en disciplinant notre mental, par la méditation, la prière et les pensées positives. Si nous ne prenons pas de risque et ne sommes pas prêts à certains sacrifices, aucun changement fondamental ne pourra survenir dans notre situation. En conséquence nous nous engageons à respecter cette éthique mondiale, à nous comprendre mutuellement et à inventer des modes de vie qui respectent la nature, paisibles et bénéfiques pour la société. Nous invitons tous les êtres humains, croyants ou non, à faire de même.

Nous, hommes et femmes de diverses religions et de tous les continents, nous nous adressons par conséquent à tous ses habitants, religieux ou non. Nous souhaitons exprimer les convictions suivantes, que nous partageons :

• Nous avons tous une responsabilité dans la restauration de l'harmonie mondiale.

• Notre engagement, au nom des droits de l'homme, de la liberté, de la justice, de la paix et de la protection de la Terre, est absolument nécessaire.

- Nos traditions religieuses et culturelles différentes ne doivent pas s'opposer à notre engagement commun pour lutter contre toutes les formes de cruauté et œuvrer en vue de comportements plus humains.
- Les principes exprimés dans cette Éthique mondiale peuvent être confirmés par toute personne ayant des convictions morales, qu'elles soient fondées sur la religion ou non.
- En tant que personnes religieuses et spirituelles, nous fondons nos vies sur une Réalité ultime, ce qui nous donne une énergie spirituelle et une foi dans la confiance, dans la prière ou la méditation, dans les paroles ou le silence. Nous avons une responsabilité particulière envers le bien-être de toute l'humanité et le respect de la planète Terre. Nous ne nous considérons pas comme meilleurs que les autres êtres humains, mais nous sommes confiants dans le fait que l'ancienne sagesse de nos religions peut indiquer le chemin à emprunter pour le futur. Nous invitons tous les hommes et les femmes, croyants ou non, à faire de même.

www.ingramcontent.com/pod-product-compliance
Lightning Source LLC
Chambersburg PA
CBHW070633050426
42450CB00011B/3171